新冠疫情下的
全球优质教育

张 韬　蒋龙祥 / 译

上海教育出版社
SHANGHAI EDUCATIONAL
PUBLISHING HOUSE

U0603143

序一：教育的中断与重建

　　新冠肺炎在全球肆虐，累计造成超过 150 个国家的学校接连关闭。数字化学习过去还只是校外学习在设施上的一种点缀，而如今却已成了教育的生命线。然而，数字技术给予我们的，不仅仅是危机背景下解决问题的权宜之计，它为"学什么，如何学，何地学以及何时学"等问题提供了全新的答案。与教科书不一样，数字技术能够让学生和教师获得多种来源和形式的特殊学习材料，从而实现时间与空间的连接。智能化的数字学习与优秀教师协同，不仅能观察我们如何学习科学，还能发现哪些是我们感兴趣的任务和想法，哪些是我们觉得枯燥或有难度的问题。与传统课堂环境下的学习相比，这一系统会根据个人的学习风格，更为精准地匹配不同的学习体验与经历。同样，虚拟实验室让我们有机会设计和实施实验并从中学习，而不只是停留在对实验的了解。

　　人们会说，新冠肺炎疫情危机出现的当下，大部分教育体系尚未做好拥抱全球数字化学习机会的准备。PISA 数据结果显示，OECD 国家中，略多于 2/3 的 15 岁学生所在学校的数字设备具有充分的计算能力。而就算是在技术发达的国家，如日本，仅有40% 的 15 岁学生所在学校拥有充足的学习软件。在 OECD 国家中，平均而言，不到半数的 15 岁学生所在学校拥有有效的在线学习支持平台。2/3 的学校校长认为他们的教师具备必要的技术和教学技能，以实现数字设备在教学中的整合。

　　学校的技术状况反映的是学校的办学思想。我们的学校体系是工业时代的产物，其所奉行的理念是标准化与顺从。该体系能够有效且迅速地培养大批量的学生，一次性地提供可以让教师终身受用的培训。课程位于金字塔的顶端，明确地分解和罗列出学生需要学习什么。随后，课程转化为教学材料、教师教育与学习环境，通过各政府层级传导和贯彻到课堂层面的教师个体。

上述教育系统的运作机制与结构沿袭了工业时代的工作模式。尽管在日新月异的当今世界中，教育体系做出了调整与改变，但应对扰乱和危机，教育系统仍然是脆弱且反应迟缓的。我们所处的社会变迁迅速，已远远超出了现有教育体系能够应对和响应的能力。即使最优秀的教育部长也无法公平地满足数百万学生、成百上千的教师及学校的不同需求。我们面临的挑战是，我们要为教师和学校管理者构筑专业的基石，让他们参与到政策及实践的设计中。这并非仅靠百花齐放就能完成，而是需要打造充满活力的环境，让教师和学校管理者发挥他们的天赋并具备适应变化的能力。传统的制度及组织结构往往是基于教育者和行政人员的兴趣和喜好建立的，并不依赖学习者和对社会变革充满热情的改革者。这就要求想要挑战该制度的改革者在政策制定中发挥想象力并能够利用他们所赢得的信任来施行有效的改革。

这样的改革者是存在的，而且有很多。然而，我们的学校系统却在沉睡中。HundrED这样的教育公益机构花费了数年时间来动员、组织和分享全世界最具创新性的学习环境，现在他们已准备好应对当下的危机。本报告就是一个范例，可以激发学生学得更好，教师教得更好，让学校系统拥抱更具创新性的学习环境。

真正的变革往往爆发于深度的危机之中。当下让我们仍抱有希望和可能，秩序回归正常后，也不会让我们再回到过去的状况。然而，这场危机对于教育的破坏是深远的，并非我们能预料的。我们具有能动性，对这些中断和破坏做出集体性和系统性的应对与响应。这种本能决定着我们所受影响的程度。

我们面临的挑战并不仅是弥补学校关闭而造成的缺失。我们置身于这样一个世界：越是容易被教授和检测的事物也就越容易被数字化和自动化。工业时代教会我们如何去培养二代"机器人"，即善于背诵和重复已有知识的人。在这个急剧变化的时代，我们需要更认真地思考我们何以成为真正的人类。我们通过计算机创造出了人工智能，那么我们该如何与人工智能协同，而不是被它所取代？我们如何创设一种有利于在人的一生中进行学习、忘掉学习和再学习的文化？

社交媒体背后的算法正在把我们分为同质化的群体。它们制造了虚拟泡沫，不断地放大着我们的观点，离间我们，让我们听不到不同的声音。它们在同质化各类观点的同时还在加速社会的两极分化。明日学校需要帮助学习者独立思考并怀有同理心，才能与他人一起工作和生活；明日学校应帮助学习者构筑强大的是非观，保持他人对我们言论的敏感性并把握个体和集体行动的底线。不论是在工作、在家还是在生活的社区，人们都应该对他人的生活方式、文化和传统以及职业（科学家或艺术家）有更深层次的理解。无论机器从人类手里拿走多少工作任务，那些对社会和公民生活有价值的知识和技能的需求会持续高涨。

具备上述能力就必定需要不同形式的学习。技术是不可分割的一部分。技术有助于构建学习共同体，凸显学习的社会性和趣味性；技术有助于构建教师共同体，分享和完善教学资源与实践，促进教师间的协作，实现专业成长以及推动专业实践的制度化；技术促进系统层面的引领者和政府共同开发和分享有关课程设计、政策和教学方面的实践典范。我们可以畅想，一个汇集教师、教育研究者和政策专家的庞大资源平台，可以共同合作开发最有针对性的学习内容，组织教学实践以实现教育目标，让世界任何一个地方的学生都能获得最好且最具创新性的教育体验。

　　HundrED 的工作还仅仅是开始。它的做法很简单，即利用人们愿意贡献、合作和被认可的需求来激发教育者的创造力。这正是技术能够将其触角延伸至优质教学的路径。我们越来越意识到，自上而下的"命令—控制"路径的价值不断流失，而我们相互之间合作的横向路径的价值却在不断增加。

　　HundrED 的这份报告在帮助我们向外看，向不同的学校和教育体系看。这并不是简单复制他国的做法，而是认真而理性地审视我们自己的国家，更加了解哪些实践范例适用于我们所处情境并有意识地采用。能够掌控危机并继续前行的教育体系与那些无法做到的教育体系有本质的不同。两者的差异是，前者对世界保持开放并且准备好向全世界的教育引领者学习，而后者则是换一种思考方式就会倍感受到威胁。

安德烈亚斯·施莱歇尔（Andreas Schleicher） 先生
经合组织（OECD）教育与技能司
司长

（徐瑾劼　译）

序二：一次属于每个人的学习经历

五年前我们创立了 HundrED。作为一家非营利性的全球教育机构，自成立之初，我们就将其使命定位为：发掘并推广全球优质教育资源，助力每一个孩子成长成材。这一路走来，我们备受启发与鼓舞，发觉我们所做的事意义非凡。我们的团队足迹遍布五大洲，深入研究了数千个优秀教育倡议，我们的代表网络也已经覆盖全球近 100 个国家。

世界从来都不缺少优秀的问题解决方案，这是我们目前工作的主要发现。纵观全球，很多优秀的人在做着了不起的事情，具有影响力的创新和高质量的资源层出不穷。不管教育生态系统遇到何种挑战，每个国家都不乏这样的资源。主要的挑战不是资源的数量，而是如何能够在不同的场景中规模化地把这些资源有效利用，同时能够在这一过程中兼顾到每一个学生。

众所周知，发明创造只有得到正确利用才能产生出色的效果，帮助每一个孩子得到提升。在 HundrED，我们见证了很多优秀案例，但我们在利用

这些发明创造时也得格外谨慎。如果一味追求速度快，停留在表面，而没有致力于过程中每个人的相互促进和提高，那么这些革新有时可能会弊大于利。

正在持续的新冠疫情危机对于全球教育界来说，既是一次巨大的挑战，也将是一次学习的经历。没有人预见或希望看到疫情的到来，结果是所有的国家、学校、家长都措手不及，匆忙准备各式工具。

HundrED一直关注全球形势。目前我们有怎样的发现呢？其实还是我们一开始就已经意识到的问题，只是这次我们亲身经历，并且范围广大。简单来说，全球范围内优质资源和工具琳琅满目，但问题是人们不知如何大规模推广以及高质量实施。正如我们所预料的那样，当前形势下，一些学校和教师发展得很好，而另一些学校和教育工作者并非如此。这就进一步改变着全球教育公平的态势。同样，一些家长能够很好地应对这一挑战，积极主动地提供有效的科技手段支撑，而另一些家庭则没有那么幸运了。父母的应对方式也会反过来投射到孩子身上，对他们的未来产生深远影响。

我们还想就全球合作说几句。HundrED自成立以来，我们就已多次指出，当前的全球教育地方性色彩依然太浓，如一个个筒仓，彼此毫无干系地存在着。各国之间缺乏真实的教育合作，缺少活跃的信息交换与优秀做法的交流。而这次疫情的出现也并没有让这种担心显得多余。到目前为止，我们还没有看到两国或多国之间通过主动合作应对当下的教育挑战，更不用说共同投资来发现和创造有效解决方案了。

通常情况下，一个"聚焦"项目致力于发现十个有影响力的革新案例，按照区域或者主题来呈现。要完成这样一个项目大约需六个月时间。但鉴于当前特殊而紧急的情形，我们马不停蹄，最终在两周内完成了这个项目以满足当前的巨大需求。对这个项目，我们没有强调标新立异或要求极具创造性，而是着眼于简单明了。那些至少在理论上易于执行的案例均在我们的考虑范围之内。我们希望发掘的解决方案大体有以下三类：①高质量的资源，②兼具推广性与升级潜力的教育创新，③极具启发性的大胆方案。

我们从未幻想这些资源、创新或想法能够提供问题的一整套解决方案，但希望这些分享的资源至少能够提供一些帮助、鼓舞和启发。

最后，每当人们谈到教育目的时，我们往往讨论的是成长型思维、应对未知、容错以及对学习的热爱。没有任何时候比现在更适合让我们去践行这些价值观了。

所以，让我们勇敢起来，大胆开拓，多尝试新的事物，接受"世事难料"，不可预知的现实。让我们更加积极乐观，突破界限，合作共进。

疫情之下，我们在一起。好好学习，天天向上。

萨库·图奥米宁（Saku Tuominen） 　　赖西·勒博尼米（Lasse Leponiemi）
HundrED 创始人兼创意总监　　　　HundrED 联合创始人兼执行总监

目录
Contents

聚焦: 新冠疫情下的全球优质教育
克里斯·皮特里 (Chris Petrie), 凯蒂娅·阿拉丁 (Katija Aladin), 普克莱赫·兰江 (Pukhraj Ranjan), 罗曼尼·贾文圭 (Romayne Javangwe), 丹尼·吉利兰 (Danny Gilliland), 萨库·图奥米宁 (Saku Tuominen), 赖西·勒博尼米 (Lasse Leponiemi) (2020), 聚焦: 新冠疫情下的全球优质教育 hundred.org/en/research

作者: 克里斯·皮特里; 凯蒂娅·阿拉丁; 普克莱赫·兰江; 罗曼尼·贾文圭; 丹尼·吉利兰; 萨库·图奥米宁; 赖西·勒博尼米

视觉设计: 杰里·欧曼 (Jyri öhman)　基尔达设计 (Kilda)

HundrED 报告中的结论与推荐只代表作者观点。
该研究项目与经济合作与发展组织 (OECD) 共同完成。
HundrED 感谢我们的全球合作伙伴 "超级细胞" (Supercell) 为本项目提供的支持。

HundrED 宣言

教育界虽然充满鼓舞人心的革新创造，但要突破地域限制得到广泛传播推广却很难。而这正是我们的使命所在：让每一个孩子接触到最好的教育革新，使他们成长成材。

自 2016 年以来，HundrED 便每年在全球范围内开展密集的研究调查，挑选出 100 个极具启发性的教育革新案例并免费分享发布。所有的调查发现、遴选的教育革新都会被记录、存档并通过我们的网站和年鉴与全球教育者分享。

通过 HundrED "聚焦"项目，我们为教育工作者和"聚焦"的筹办方创设了一个深入了解教育革新的独特机会。这些革新或是发生在教育的某个特定领域，如阅读或可持续性问题，抑或是出现于某个特定的地区，如哥斯达黎加或伦敦。

在这前所未有的时刻，我们专注于挖掘、研究、分享那些鼓舞人心的解决方案，来应对新冠肺炎疫情所带来的教育挑战。

不论生活如何变化，教育的目的始终都是帮助每一个孩子成长成材。

传统的学术技能固然重要，但在这日新月异的世界中，这还不够。学生要成为合格的世界公民还得掌握多方面技能。

我们倡导以学生为中心的教学方法，提倡个性化、兴趣为导向的学习方法。但师生关系，特别是教师的启发与学生驱动力之间的关系依然是其中的核心要素。

评价体系应与学生成长成材这一核心目标相契合。一个指向未来的学习环境应当体现这一原则。

要使这成为现实，教育系统的各个层面都需要领导者的远见卓识以及在全球范围内行之有效的教育创新。高目标、影响大、可推广是这类创新的特质。

教育界满是勤勤恳恳的专家，是他们每天在一点一点让这一切成为现实。

HundrED 的使命就是给予他们应得的认可和关注。

变革理论

研究　　社区

儿童

媒介　　延伸

1. 发现教育创新

　　三年来，我们研究了全球5000多个教育创新案例。

　　我们的团队包括科研人员、教师、学生及其他教育工作者。每一个被收录的创新案例都由他们认真审核。

2. 助力创新的传播

　　我们的宣传平台为创新者提供宣传所需的资源。

　　同时，我们也是投资者和创新者之间值得信赖的伙伴，让改变发生得更快。

4. 共谋对策

　　我们与教育者合作共同推进卓越与公平。

　　我们采取与创新者和教育者深度合作的策略，推进可持续创新的实施。

3. 改变氛围

　　我们的网站和其他社交媒体每天分享教育相关的进步。

　　2019年，我们的教育创新页面吸引了超过一百万的浏览量。

"聚焦" 完成过程

HundrED 对教育创新的定义为：能够为教育生态体系中任一环节（如技能、教师、评估、环境、体系、领导力）提供支撑的新做法或新科技。

需求： 新冠疫情下的全球优质教育

随着世界各地学校的关闭，隔离指令不断下达，学生、家长、教育工作者都在感受着新冠疫情的连锁反应。各国政府和卫生官员都在尽最大努力减缓疫情的蔓延。在这一艰难时刻，教育系统也为所有学生提供优质教育而努力。在特殊时刻，为了达成这个目标，HundrED 的努力就是要帮助教育工作者深度领会可供他们使用的工具。

针对这期"聚焦"，我们在遴选创新方案时基本可精简为四个步骤，分别是：
1. 调研目前已知的全球问题；
2. 发掘简洁而有效的解决方案；
3. 审核创新方案的有效性和推广性；
4. 专家审核候选的创新方案。

"聚焦"形成时间轴

2020年3月12日
调研已知全球问题

2020年3月19日
征集简洁而有效的解决
方案

2020年3月30日
审核创新方案的有效性
和可推广性

2020年4月1日
HundrED学术部审核
候选创新方案

2020年4月2日
发布结果

阶段一：调研全球面临的已知问题

为了深入理解这些问题，我们使用了包括社交媒体、学术类搜索引擎以及公共机构发表的深度文章在内的网络数据。我们也同时得到 HundrED 创新者社区、教育代表以及赞助人的帮助，试图能从不同利益关系群体、不同地理环境和不同语境理解这些问题。这些来自我们全球网络的反馈，帮助我们进一步确定了在此次疫情中世界各地的教育者、家长和学生所面临的一些重大问题。

阶段二：发掘创新方案应对新冠疫情给教育带来的挑战

我们通过 HundrED 遍布全球 100 多个国家、超过 400 名教育代表的协助，发掘世界领先的研究成果和方案。在为本期"聚焦：疫情下的全球优质教育"而进行的调查中，我们先后收到了世界各地教育者提交的 102 份创新方案。此外，我们还通过全球教育网络发现了更多有效而又易于推广的新方法。

一些我们想要解决的问题

1. 学习者无法专注学习，焦虑情绪处于高位。
2. 即使有社交工具的连接，学习者的孤独感仍然加剧。
3. 面对源源不断的分享资源，因为缺乏使用指南，家长感到无所适从。
4. 家长规划着日常活动，但在家并没有尝试使用新型教育手段。
5. 家长难以找到工作与在家教育孩子的平衡点。
6. 家长和教师在与学生讨论疫情及不确定性因素时缺乏资源。
7. 学生对一个非正常结束的学年感到担忧。
8. 教师没有得到充分支持，也未经过培训就仓促转入线上教学。
9. 维持学生、教师、家长之间的良性关系困难重重。
10. 线上难以进行基于协作的学习。

阶段三：对候选创意方案的效用与可推广性进行内部审核

对照我们关于影响力与可推广性的评估标准，我们团队对目标问题的潜在解决方案经行审核。

影响力：该创意方案在其领域内是一次有价值的提升。通常情况下，方案必须已对其目标用户运行过至少一年，但考虑到本次疫情的突发性、紧迫性以及用户对相关方案的急需性，我们在本期"聚焦"中对运行时限的要求有一定的放宽。

可推广性：该方案可推广适用于其他情境，具备迁移潜力，其技术和方法可被其他用户使用。

阶段四：专家顾问团对候选方案进行外部审核

我们特别成立了专家顾问团，对有潜力的候选方案进行审核，因此我们更加确定方案能在其他场景中依然兼具影响力和可推广性。

所有专家团成员的反馈都可帮助我们从多角度理解每个方案。HundrED 研究团队会研讨这些评估意见并做出最终决定。

新冠疫情下教育面临的机遇与挑战

　　突发的新冠疫情带来了全球范围内前所未见的教育转变。科学领导力学院（Science Leadership Academy）创始校长兼 CEO 克里斯·里曼（Chris Lehmann）就当前形势一针见血地问道："当工作已不再是必须，学校还意味着什么？"当前，多数学校都设有严密的体系来监督学生的绝大部分活动。考虑到这一现状，当这一群多样化的青年学生群体突然不得不在家学习，他们又如何管控自己的学习过程呢？

　　好在我们已经有成型的高质量学习资源可供利用，如可汗学院（Khan Academy）。这些资源可大规模地提供教育内容并针对此次疫情提出有效的建议。即便如此，此次疫情带给教师、家长和学生精神和情绪方面的转变是巨大的。当教育者们仓促建立"在家教育"模式时，也有必要知道我们精神处于压力状态下对教或学并无益处。无论是教育者、家长还是学生首先都需要给自己一些时间调整，适应新的环境并培养健康的生活模式。由于现阶段我们并不知道这种在家教育的应急模式何时可以结束，当前我们的首要任务是花些时间来保证我们的安全和健康。

　　以下列举的是新冠疫情以来教育领域的一些重要机遇和严峻挑战。当然，由于不同地区新的机遇与挑战每天不断浮现，目前的局面也会相应地快速更迭变换。但以下要点可供我们运用迭代式创新思维认真思考，以帮助我们每个人适应到四月份为止已形成的新局面。

重要机遇

· 对于教师来说，这是一次与家长加强交流的绝佳机会。当前情形下，家校关系对于身心有障碍学生尤为重要。

· 教师有更多机会钻研创意方案来削减因为物理隔离而产生的限制，如基于玩耍的协作式学习。

· 许多证据表明教师群体正积极开展区域性合作。

· 合作的机遇绝无仅有，创新解决方案的提出空间无限，向他人学习以及尝试新工具的意愿空前高涨，因为此刻教育者、家长及学生都同时经历着类似的事件。

· 很多教育类企业免费向教师和学生开放资源和方案以示支持和帮助。

· 我们的最初计划是直接照搬我们所熟悉的系统，如学校作息表和日常活动安排。但在线学习让我们有机会尝试新的学习方式并重新思考我们对学校系统的理解。一般来说，解决问题的迫切需要会催生出极具创意的解决方案，限制和束缚则会激发设计创意方案的动力。

· 现在学生有更多的自主权和能动性来管控自己的学习，以与往常完全不一样的方式来探讨新思想，寻求新经历。许多教师和学生也会形成新的兴趣和爱好。

· 迪帕克·罗慕拉（Deepak Ramola）是"促进人生课程理解"项目（Project FUEL）的创始人，该机构前不久刚入选HundrED"全球精选"。他表示这是一次我们停下脚步并深入反思的好机会。我们每个人都有时间和空间来构想我们所希望的教育的模样。

正在显现的严峻挑战

· 对还没有稳定网络连接或电子设备的国家和地区来说，我们目前还缺乏有效且可推广的解决方案。这些地区的教育者、学生和家长当前如何应对这些挑战，我们也知之甚少。

• 虽然这是一次绝佳的机会进行跨国教育合作，但目前这种案例仍少之又少。在中国，教师迅速适应新环境，利用国家级网络云平台为学生免费提供教育资源。中国教师群体的快速应对措施使得这次疫情对中国的学校教育产生的影响得以降低。随着越来越多的国家面临新冠疫情快速扩散所带来的挑战，中国的策略值得他们学习。

• 教师不得不进入一个还未充分准备就绪的系统进行执教，结果是我们离在线学习的最佳做法相距甚远，为了"应急式在线家庭教育"仓促应付。

• 合作式学习方式某种程度上受到了限制，特别是实操类课程，如音乐、戏剧、舞蹈、木工等。

• 具备内在驱动力的学习者无须监督，其进步可能相对来说并不受影响。但弱势群体以及自主学习有困难的学生则可能感到不知所措。

• 各个学习阶段的学生电子设备使用时间均有增加，这一现象值得关注。教师在设计在线课程安排时也需考虑到学生线下活动的需求。

• 所有家庭成员待在家中，家长在家办公。为满足学生不同学习方式的要求，很多家庭的工作空间划分还存在着一些实际问题。

• 在当前"应急式在线家庭教育"环境下，针对不同年龄段的学生，我们还不明确怎样的做法对他们的发展是最佳的。另外，我们如何服务好有学习障碍或特殊需求的学生群体？

• 纵然工具和资源众多，但是我们对哪些方案最有效以及如何执行还了解不深。

结束语

　　新的教育转变绝不只是走过场，相反，变革还处于每天不停的演变之中。我觉得现在就告诉人们，应该以何种方式融入新的学习环境和学习步调，还为时过早。当前形势下，既有可供我们利用的大好机遇，也同时面临着严峻挑战，我们非得拿出新的创意方案不可。

　　在这次疫情中，一些地区只有有限的网络连接，有的地区甚至没有任何网络，也没有电子设备可供使用。对于解决这些地区困难的最佳方案，我们目前还知之甚少，仍然有很长的路要走，这一点我们完全承认。近年来手机已经到了无处不在的地步，这就为当前形势下寻找新方案指明了着力方向。另外，其他形式的传播工具像广播、电视、短信也得到了有效利用，如广播课堂："边听边学（Broad Class Listen and Learn）"和"友好教育（Dost）"就是很好的范例，这两家机构最近均入选 HundrED "全球精选"。但囿于时限，我们还不清楚如何在疫情背景下有效使用这些方案。我们希望在接下来的数月中，依靠我们的全球网络能够对这次挑战有更深的认识，同时分享那些已经得到规模化运用的有效方案。

　　对于每个人来说，我们当下的第一要务是确保安全，学习建立积极健康的心态。当我们能重返学校时，我们一定要借这次经历积极改变我们对教育的看法，使其变得更好。但目前，我们需要做的是相互支持、相互学习，共同度过疫情难关。

克里斯托弗·皮特里
（Christopher Petrie）
HundrED 全球研究项目部主任

社区参与

2020 年 4 月 2 日,我们与来自世界各地的教育代表、创新者、社区成员进行了一次电话会议。这次电话会议有来自各大洲 31 个国家的 150 名参会人员,他们代表了教育界的广泛关切和不同观点。会议期间,我们就政府和教育工作者在疫情期间坚持教育的做法做了一次调查问卷,以对其有更好的理解。以下是本次问卷和电话会议的要点:

· 99 份问卷中,87% 的受访者表示非常担忧此次全球疫情会加剧教育不均衡。(答案均在 7—10 之间,10 为最高)

· 只有 6% 的受访者认为他们的教育体系已做好充分应对疫情的准备。

· 17% 的受访者认为他们的教育领导者学习借鉴他国的应对方式。

· 以上关切的具体评论主要围绕以下几方面展开:教育技术的不均衡导致教育不公平;教师的适应能力以及对所有学生进行有效教学的能力;家长参与度的差异,尤其是社会经济地位的相对差异;当前形势对学生社会情绪产生的冲击。

> 人们突然创建了令人惊异的资源。学习和学校的概念也正在自我重新定义。
>
> ——拉卢卡·苏蕾(Raluca Ciulei),
> HundrED 粉丝,罗马尼亚

我想我们现在有机会让学生快速提高软技能，因为当前形势会促使这种改变。我希望学生能证明他们其实可以通过自主创新的学习来运用新的方式表达他们所学，那些持传统教学观念的教育工作者可以得到转变，重新评估教师在学习过程中扮演的角色。

——金·鲍威尔（Kim Powell），
教育官员，澳大利亚

这次疫情危机将向每个人表明，突破学校和时间界限的学习是何等重要。要让学生有更多机会在实际生活中运用所学，增加学生真实体验的频率。我对此满怀希望。

——凯德拉·桑顿（Kendra Thornton），
HundrED 代表，美国

疫情期间的社区奉献

葛雷格（Gregg），美国

作为社区团体，我们将会厘清你们所举荐的这些极佳创意和观点，并且我们也会考虑这些资源的终端用户的具体情况，如使用情境、年级、学科等。

普林斯（Prince），尼日利亚

作为一名记者和通讯员，我可以通过媒介与社区的教育部门向领导分享这些优秀的做法来启发民众。

碧娜（Beena），菲律宾

作为一名教育工作者和学习者，我可以不断与人合作、交换意见、尝试不同的做事方法。三个臭皮匠，赛过诸葛亮。而且我们都有着相同的目标。

尼尔（Neil），芬兰

作为一名教育工作者，我会专门在线告知公私合营基金及政府部门，这些在国家和国际范围内可推广使用的创意方案。

桑妮（Sanne），荷兰

作为一名教育工作者，我会用这些资源来为社区提供优质教育，促进教育公平。

资源推荐区

    在过去数周甚至数月中，全球各地的教育团体相互支持，分享资源和工具，贡献智慧与心得。HundrED 探究了众多由教师、机构以及政府部门创建的资源，决定从中选出 10 个我们认为可以有效解决当前社区教育问题的方案，并为他们建立资源页面。无论你是学生、家长还是教师，你都可以从以下资源中找到简便快捷的日常教育活动、想法、方案或平台。

1. 开放学校（Wide Open School）

开放学校是 25 个机构合作为受到疫情影响的教育界提供教育服务和智慧支持的结果。这个免费的在线学习资源集合由"常识咨询（Common Sense）"负责整合管理，可以提供很多线下以及手机上使用的资源，也有双语和为英语非母语的学习者准备的资源。

2. 在不确定中找方向：学校如何应对疫情——EdSurge 指南

为了让你在这充满不确定的时刻明白，哪些方法对你的社区最有效，EdSurge 和国际教育技术协会（ISTE）整理收集了新闻、教育资源及专家建议，帮助教育工作者及学校领导者做出正确决策。他们发起了"持续学习（Learning Keep Going）"网站，提供关于线上学习的建议和操作指南，还分享了很多其他学校的案例、在线研讨会等资源，并向家长和教师发出邀请。

3. 联合国教科文组织（UNESCO）——远程学习方案

这一系列教育类 App、平台和资源，意在帮助家长、教师、学校及其管理者能够在学校关闭期间促进学生学习，在学生的社会心理层面提供支持。这其中绝大部分解决方案都可免费使用，而且有多种语言支持。虽然这些方案没有联合国教科文组织明确的宣传支持，但它们辐射范围广、用户基础扎实、效果明显。

4. 纽约时报学习网络专为学生设计的新冠疫情资源区

由于新冠疫情的影响，越来越多的学校相继停课，人们的生活也愈发受其影响。在此背景下，纽约时报学习网络栏目专门划出一个区域，为教师和学生提供一些有用的资源并持续更新。资源包括疫情最新进展、对公众信息的批判性态度、关于疫情关键性问题的思考、疫情对当下社会的折射以及停课期间教学资源的查找。

5. 远程教育资源中心（Distance Learning Resource Center）

"重新构想教育（Education Reimagined）"为青年学生、家长和教育工作者收集整理了大量资源，让他们在这从未有过的艰难时刻找到心理上的落脚点，并提供尽可能丰富的远程学习体验。在该页面中你可以找到学习资源，也可以找到针对家长和家庭、教育工作者以及社区方面的信息，如疫情的进展，还有一些可以提振精神的资源信息。该页面上也包含一些来自其他机构的资源库。

6. 最佳远程学习方案（Top Remote Learning Solutions）

在这个网络学习时代，为了给教师和家长提供支持，很多北欧国家向世界免费开放了他们的电子学习资源。在这里，你可以尽情享用来自爱沙尼亚、芬兰、丹麦、冰岛、拉脱维亚、立陶宛、挪威和瑞典等国家的超过 40 个远程学习资源。

7. 美国国家教学标准委员会（National Board for Teaching Standards）——教师互助（Teachers Help Teachers）：文章、平台、工具

这一通过群策群力而成的开放式资源库是由美国国家教学标准委员会整理核对的。该页面上有数百种在线学习的优秀做法和想法，以及可供线下课堂使用的资源，还有一些关于网络平台的具体信息。

8. 为受疫情影响的学校提供的免费应用和资源，支持其在线学习

课鲁（Koulu.me）由一群来自芬兰的教育应用开发者发起。他们希望能帮助那些因为这次疫情而丧失日常课堂学习机会的教师和学生。目前他们免费开放了很多在线教学资源和工具。可以试试看这些资源，如 3D 熊（3DBear）、芬兰编程学校（Code School Finland）、方子移动学习（Funzi）、利夫塔教学（Lyfta）、（Mehackit）创意编程、人格发展（Mightifier）、姆明语言学校（Moomin Language School），还有其他更多资源。

9. 爱默生联合（Emerson Collective）：远程学习资源

"爱默生联合"是一家社会改革组织，旨在通过多种措施，包括慈善、创效投资以及政策解决方案来为大众创造价值。这个资源集是由多家合作机构共同收集，为学生和家长提供在家学习的多种资源。这些合作方包括教授全学段学生编程和计算机技术的在线学习平台、面向学生、教师和家长的最佳交流软件和网站、虚拟调查旅行及体验式学习。

10. 留声机音乐教育资源

"留声机音乐教育联盟（The Grammy Music Education Coalition）"联合多家音乐机构为教师线上进行音乐教育提供帮助。他们通过其附属机构收集了一些资源并免费分享，如音乐工作坊、教案、在线研讨会等，你都可从中找到。

"聚焦"速览

受全球新冠疫情影响，优秀教育体系的核心价值观——卓越与公平，正在世界各地遭受挑战。我们最大的担忧是，由于家庭参与度和科技资源使用方面的差异会加剧教育的不公平。但正如其他重大挑战一样，这同时也为改善和进步提供了机遇。

在过去数周，我们为了本期"聚焦"深入研究了大小数百个案例，这些案例的主题就是如何在非常时期帮助孩子学习。我们的目标不是提供万能方案，而是在疫情背景下，就教育所遇到的不同类型的挑战推荐相应的方案。一切发生得特别迅速，让人出乎意料。在这种形势下，提供容易执行的万能方案是不切实际的，但是每个国家都有令人备受鼓舞的方案出炉。或许我们可以融合这些不同的方法资源，为世界各地的学生构建全新而又有效的教育体验。

本着这种精神，我们将这些解决方案分成了三大类。第一类是我们所知的高质量资源，如可汗学院、TED 教育（TEDed）、我的世界教育版（Minecraft Education）。这些全球性机构持续为学生、教师和家长提供既有相关性而又引人入胜的学习资源。另一个我们想强调的机构是开放学校。它是由 25 个机构专门为此次疫情而合作创建的平台。

第二类是具有拓展潜力的可推广性的创意。这些创意简洁而又容易上手，如提供实时虚拟课堂的校外（Outschool），极具活力的外语学习 App 多邻国（Duolingo）以及领先的编程学习机构 Scratch。

目前大部分的教育体系依然独自应对挑战。既然这是一次全球性的危机，我们何不试一试一些跨文化的方案呢？如团结的故事（Stories for Solidarity）、笔友学校（PenPal Schools）就是很好的例子。

目前新闻素材很丰富，如果你想密切关注全球疫情变化，其中一个有用的工具是新闻素养计划（NewLit Project）。此时我们也得关注健康问题，既包括身体的健康（宅家充电 Go Noodle @ Home），也包括心理的健康（在家上学日 School Day @Home）。

第三类可以为全球教育界的努力提供助力的则是关于联结。社区之间的团结合作可以通过一些简单而巧妙的想法去激发思维，如来自我的窗（From My Window）和野蛮游戏（Bear Hunt）。我们可以通过一些平台，如联结在线学习者（Link Online Learners）、关爱老年人（Love for the Elderly）等，利用虚拟现实技术与世界沟通。为了帮助偏远地区的孩子和家庭，我们可以通过非网络的形式让他们与教师沟通并接触课堂。

另外，我们要特别赞赏教师团队能够快速反应、适应变化，满足学生求学的需要，为一个不确定的未来做好准备。我们深受这些在线教师培训项目的鼓舞，包括学习创造性学习（Learning Creative Learning）、快捷教师发展学习网络（Pop-Up PLNs）、电脑情书（Love Letters for Computers），他们共同专注于为未来培训教师。除了感谢这些民间的方案，我们也要向一些政府部门的努力致谢，如政治家对孩子们的演讲（Politicians Addressing Children）、大型芬兰企业 Kaikille Kone 为每个需要的孩子捐赠电脑。

你可以登录 hundred.org 网站了解更多。

让我们同舟共济、共克时艰。

我们推荐的高质量资源

每个人随时随地能获取的世界级免费教育

可汗学院（Khan Academy）

美国加利福尼亚

可汗学院为所有年龄段的学生提供个性化的学习资源，涵盖数学、科学、计算机编程、历史、艺术史、经济学等学科。可汗学院提供学科练习、教学视频以及个性化的学习进度表，帮助学生在课堂内外按照自己的节奏来学习。

查看更多 https://hundred.org/en/innovations/khan-academy
访问网站 https://www.khanacademy.org/

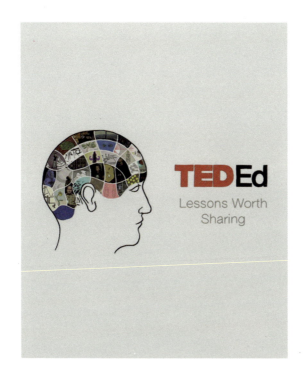

以视频课程为基础的在家教学与学习

TED 教育居家版（TEDEd@Home）

美国纽约

　　TED 教育携手世界各地的教育专家、TED 演讲者，为受到此次疫情影响的数百万学生、家长和教师免费设计并分享高质量的、互动性强的日常视频课程。

查看更多　https://hundred.org/en/innovations/teded-home
访问网站　https://ed.ted.com/

培养面向 21 世纪的技能

我的世界教育版（Minecraft Education Edition）

美国华盛顿

　　我的世界教育版是一个基于游戏的学习平台，在沉浸式的在线学习环境中发展学生创新、合作以及解决问题的能力。

　　目前世界上 115 个国家的教育者在课程的各个层面均可使用我的世界教育版。

查看更多　　https://hundred.org/en/innovations/minecraft-education-edition
访问网站　　https://education.minecraft.net/

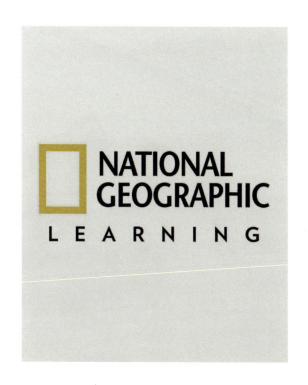

学校的门关上了，但学习之门依然敞开

国家地理教育版（National Geographic Education）

美国华盛顿

国家地理向孩子们展示世界风貌，向他们讲述世界运行的机制，从而助力孩子们成功，将我们的世界变得更好。国家地理还收录了大量在家学习的资源，为学习者和教师提供支持。这是一个由教育者创建的学习平台，同时也是一个面向所有教师、家长和监护人的学习平台。

查看更多 https://hundred.org/en/innovations/national-geographic-education
访问网站 https://www.nationalgeographic.org/education/

在家打开艺术与文化之门

谷歌艺术与文化（Google Arts & Culture）

全球

站在艺术与科技的十字路口，谷歌艺术与文化（Google Arts & Culture）旨在成为创新的门户网站，成为发现与灵感的源泉。徜徉在配有向导的视频游览以及在家学习的资源和活动中，你一定会有新的发现。

查看更多 https://hundred.org/en/innovations/google-arts-culture
访问网站 https://artsandculture.google.com/

学校关闭不意味着学习的停止，与新闻英语一起准备线上学习

新闻英语（Newsela）

美国纽约

新闻英语（Newsela）是一个内容教学平台，融合了有趣而好用的各科内容，还配套设计了综合性测验和建议，为阅读体验增能。在 2019—2020 学年期间，他们免费开放网站的全部资源。

查看更多 https://hundred.org/en/innovations/newsela
访问网站 https://newsela.com/

服务于大中小学的一流人工智能教学平台

世纪科技（CENTURY Tech）

英国伦敦

作为一家一流的、服务于大中小学的人工智能教学与学习平台，世纪科技（Century Tech）运用人工智能、脑科学及学习科学为学生创建灵活的学习路径，为教师提供强大的评估数据。它可以根据学生的学习情况不断进行内容调节，基于学生的强项和短板提供相应的挑战或辅助。

查看更多 https://hundred.org/en/innovations/century-tech
访问网站 https://www.century.tech/

向低年龄段孩子介绍冥想和专注，培育心智发展

头部空间儿童版 (Headspace for Kids)

全球

我们希望孩子健康快乐，不仅现在如此，未来也能保持。而在他们还小的时候教他们冥想正是为了帮助他们达成这个目标。

这也是为什么我们创立了头部空间儿童版。

查看更多 https://hundred.org/en/innovations/headspace-for-kids
访问网站 https://www.headspace.com/meditation/kids

教孩子批判性阅读、辩证性思考

阅读理论（Read Theory）

美国北卡莱罗纳州

　　阅读理论（Read Theory）是一个在线阅读理解工具，其目的是以一种有趣的方式帮助学生提高阅读理解能力，使他们保持专注和持续的动力。

查看更多　https://hundred.org/en/innovations/readtheory
访问网站　https://readtheory.org/

更好地一起学习，优化课堂管理，带动学生参与

Edmodo 教师和学生专用网志——远程学习工具包 （EDMODO — Distance Learning Toolkit）

美国

Edmodo 将教育社区的参与者聚集起来，帮助学习者成功。虽然新冠疫情不断蔓延，学校教学受到影响，但我们希望能尽我们所能提供帮助。在目前面对面的传统教学无法实现的情况下，教师、学生和家长可以免费使用 Edmodo 来沟通和继续学习。

查看更多 https://hundred.org/en/innovations/edmodo-distance-learning-toolkit
访问网站 https://go.edmodo.com/distancelearning/

兼具推广性与升级潜力的教育创新

面向 3—18 岁儿童的在线直播课程集市

校外（Outschool）

美国

通过视频聊天，学生们可以安全地与教师和同学们分享他们感兴趣的话题。这些课程通过我们的集市提供，并在我们的远程学习平台上进行，由 Zoom 提供技术支持。比起被动的在线课堂，这种社交方式让在线团体课程更有吸引力，也更具价值。

查看更多 https://hundred.org/en/innovations/outschool

访问网站 https://blog.outschool.com/outschool-can-help-your-school-prepare-for-unexpected-closures/

加入世界上最大的合作学习社区

笔友学校（PenPal Schools）

美国

笔友学校联结世界各地的学生共同学习。学生们通过在线项目进行合作学习，项目包括人权与环境、假新闻与机器人等。这些项目一方面是学生读写能力的实践，同时也是对学生技术技能与社交情感技能的培养。

查看更多 https://hundred.org/en/innovations/0-penpal-schools
访问网站 https://www.penpalschools.com/coronavirus-update.html

故事能把我们的距离拉近

团结的故事（Stories for solidarity）

美国

　　故事如何能够建立我们和他人、我们与自身有意义的联结？全球合一项目（Global Oneness Project）正在通过在线社区系列活动对此进行探索。是的，故事能把我们的距离拉近。但是在此全球健康危机时期，我们许多人都待在家里工作、学习，我们如何能够团结一致，以积极的关注和正直的精神为人性的故事谱写新篇章？

查看更多　https://hundred.org/en/innovations/stories-for-solidarity
访问网站　https://www.globalonenessproject.org/blog/2020/03/upcoming-events-working-and-learning-together

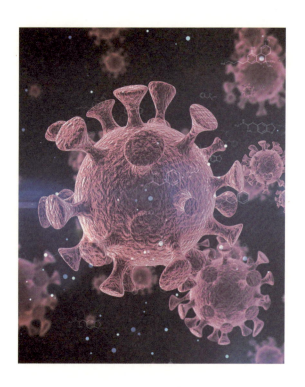

给事实一个战斗的机会

新闻素养项目（News Literacy Project）

美国

为澄清新冠肺炎和导致它的新冠病毒的不实信息，新闻素养项目做出了诸多努力，其中包括创建了一个资源页面，向教育工作者和普通民众提供该流行病的准确信息和免费资源。

查看更多 https://hundred.org/en/innovations/5-news-literacy-project
访问网站 https://newslit.org/

学生的福祉，师生的情感联结

在家上学日（School Day @Home）

芬兰赫尔辛基

在家上学日包括四个与学生在家学习有关的福利领域。它为教师提供了师生情感联结与在线对话的工具。学生每天用 30 秒钟回答一些与个人幸福和情绪相关的研究性问题，此外学校日的应用程序还可以用来分享健康相关主题的信息。

查看更多 https://hundred.org/en/innovations/school-day-home
访问网站 https://schoolday.fi/en/community/school-day-home-for-teachers

宅家充电（Good Energy At Home）

GoNoodle @Home

美国

GoNoodle: 宅家充电（Good Energy At Home）提供免费的运动、瑜伽、正念视频，可下载的课程和各种真实的家庭活动。活动每周更新，家长可以通过电子邮件注册接收。我们还提供与其他公司的其他资源的链接，以便与家长共享可用的最佳资源。

查看更多　https://hundred.org/en/innovations/gonoodle-home
访问网站　https://www.gonoodle.com/good-energy-at-home-kids-games-and-videos/

通过领先的基于游戏的学习应用程序，奥茨莫（Otsimo）使获得
特殊教育和语言矫治的途径民主化

奥茨莫（Otsimo）

土耳其安哥拉

　　仅在美国，疾控中心就发现，68 名儿童中就有一名被诊断患
有自闭症谱系障碍（ASD）。奥茨莫（Otsimo）通过其领先的基于游
戏的学习应用程序，向儿童传授对认知和行为发展至关重要的核
心技能，从而实现特殊教育和语言矫治的广泛化。它直接到户的
经营模式人人可享，同时也价格亲民，使用方便。

查看更多 https://hundred.org/en/innovations/otsimo
访问网站 https://otsimo.com/en/

用孩子们喜欢的工具来提高课堂参与度，提升课堂效益

Kahoot!

挪威奥斯陆

这是一个基于游戏的学习平台，它允许教育者在几分钟内创建有趣的学习游戏。学生们在学校或家里都能参加游戏，甚至可以自己创建游戏。Kahoot 的任务是让学生在游戏中学习，让学习变得好玩有趣。年龄不同、背景各异的学生都能在参与中释放自己最深层的潜力。

查看更多 https://hundred.org/en/innovations/kahoot
访问网站 https://kahoot.com/

让全世界数以百万计的儿童参与到编程和分享项目中，以此表达
他们的想法，发展他们的创造力

Scratch

美国

　　Scratch 是一个免费的创意编程平台和在线社区。它允许所有年龄段的孩子编写、分享和混录他们自己的故事、游戏和动画。Scratch 被翻译成 50 多种语言，在线和离线皆可使用。全世界成千上万的教育工作者在课堂内外以及整个课程实践中都在使用这一平台。

查看更多　https://hundred.org/en/innovations/scratch
访问网站　https://scratch.mit.edu/

永远免费学习一门语言

多邻国（Duolingo）

美国

　　我们都在努力应对快速变化的新冠疫情，我们中的许多人突然担当起了全职照顾者和代课教师的角色。随着世界各地的中小学和大学都转向在线学习，你可能会问自己：如何才能充分利用在家时间，学习自己最喜欢的语言？我们可以帮忙！

查看更多 https://hundred.org/en/innovations/duolingo
访问网站 https://www.duolingo.com/

极具启发性的大胆方案

确保大规模的优质教育

全国广播（Broadcasting Nationwide）

全球

每位儿童或青少年学习者的学习需求不同，可获资源有限。因此，全球各国与组织正在利用现有资源，确保所有人都能享受优质教育。以下解决方案是与一个全国性的组织合作，共享所有学生都可以使用的教育资源。

查看更多 https://hundred.org/en/innovations/broadcasting-nationwide

人人电脑（Kaikille Kone）正在向有需要的学生捐赠电脑

企业帮助人们满足教育需求

芬兰赫尔辛基

这项活动的目的是通过向有需要的学生捐赠电脑，从而为每个学生提供平等的学习机会，使他们都能获得在线和远程学习的解决方案。

查看更多 https://hundred.org/en/innovations/businesses-helping-meet-education-needs

边界可能关闭，但心仍然敞开

与世界实际紧密相连

线上

社交距离并不一定意味着社交上的疏远。世界各地的教育者、家庭和学生都在利用在线会议平台等媒介，相互联系，彼此分享，了解对方的生活、文化和愿望。"关爱老年人（Love for Elderly）"组织和"联结在线学习者（Link Online Learners）"社区为此创设了容易使用的资源。

查看更多 https://hundred.org/en/innovations/virtually-connecting-with-the-world

教育者的专业发展引领当前与未来的教育

教育未来的教育者

全球

　　学校教育向在线学习与远程学习的转变在教育界是迅速的，也是前所未有的。我们看到，教育界通过共享资源、专业知识和技巧，齐心协力，使这一转变尽可能简单易行。网站上的做法使教育者能够学习并逐渐适应学生当前和未来的需求。

查看更多 https://hundred.org/en/innovations/educating-educators-for-the-future

各国政府专门为儿童举行新型冠状病毒新闻发布会

政治家向学生演讲（Politicians Addressing Students）

挪威和新西兰

挪威首相埃尔娜·索尔贝格（Erna Solberg）和新西兰总理杰辛达·阿德恩（Jacinda Ardern）为儿童举行了记者招待会，回答了这一不确定时期儿童关注的问题。

查看更多　https://hundred.org/en/innovations/politicians-addressing-students

社区运动深得人心，也振奋人心

将社区聚集到一起

全球

友好善意和团结友爱才是主流！虽然人们需要保持距离，但是学生、教师和家长都在一起相互支持，大家才能仍旧保持高昂的士气。从橱窗里的艺术展示到无接触的寻宝游戏，"将社区聚在一起"的这些活动凸显了大家的齐心协力，良好的精神状态也可见一斑。

查看更多 https://hundred.org/en/innovations/bringing-communities-together

为资源有限的儿童提供解决方案与想法

与偏远地区的儿童与学生取得联系

挪威和新西兰

偏远地区与外界很少有联结甚至没有联结。在这一从学校到家庭的教育转变中，我们如何满足这些地区学生的需求？我们通过瓦次普（Whatsapp）和飞书信（Facebook messenger）提供教育内容，也让学生能够离线访问在线内容，这些创新的想法正在帮助儿童和家庭以在线以外的其他方式与教师和课程建立联系。

查看更多 https://hundred.org/en/innovations/politicians-addressing-students

社区声音

安德烈亚斯·施莱歇尔呼吁国际合作，赞赏在疫情下具有企业家精神的教师

下面这篇文章内容来自安德烈亚斯·施莱歇尔和萨库·图奥米宁的讨论。

根据您的全球研究和个人教育经验，您认为在疫情危机中，哪些措施有用，哪些没有用？

这一时期前所未有。学校关闭，人们对基于技术的解决方案的依赖肯定越来越大。这些解决方案确实适用于那些有途径接触技术的儿童和了解如何使用技术的教师。对许多孩子和教师来说，我相信这段时间可以给他们自由，让他们兴奋。然而，我们最近的一些研究表明，十分之一的年轻人家里甚至没有可供学习的书桌，更不用说拥有电脑或者网络了。此外，全世界只有约50%的教师具有数字化教学经验或者对此感到自在。许多教师只是在电脑上复制传统课程，这表明他们对新形势下数字化的教学法不熟悉，也不自在。

尽管全球教育界想出了令人惊叹的解决办法，但我主要担心的是，这些办法不能惠及所有儿童，尤其是那些环境资源匮乏、家庭少有支持的儿童。在我看来，大规模远程学习解决方案中最令人印象深刻的例子来自中国。当地政府在一个月内成功地将5000万学习者转移到了网上。特别之处在于，他们不依赖广播技术，而是专注于在系统内建立起牢固的师生关系。他们将真实的社会交往和虚拟的数字环境相结合，让每个学习者都能学习。对于那些他们无法用数字技术接触到的学习者，他们就把课本送到家里。在这个"社交疏远"的时代，社会关系才是解决一切问题的症结所在。

抗疫中的国家如何能管理好所有学生的学习？

这真的要追溯到教师身上。我们再以中国为例，尽管中国对基础设施和教育资源的管理都是自上而下的，但中国的教师高度具有企业家精神。他们熟悉数字世界，大部分K12内容都是在本土生成的。与日本类似，中国教师拥有浓厚的研究文化，他们花很多时间相互合作，共同规划。他们不习惯被动接受课程设置，相反，他们习惯于共同创造教与学的环境。他们会使用一个伟大的推动者，那就是技术。

为了让其他国家成功走出这一时期，我们必须关注这样一种文化：鼓励教师成为领导者、创新学习环境的设计者、共同创造者、促进者和远程学习的教练。拥有这些品质的全球教育者，找到了一种与技术合作的方式，一种与疫情并行的举措。事实上，如果制度不鼓励教师发挥这种企业家精神，那许多国家将陷入失败。

我们如何应对学习支持不足，学习资源匮乏这一巨大挑战？

现在分享与全球相关的最佳实践还为时过早，但有一点是肯定的——我们的教师必须带头。习惯并擅长在课堂内外与个别学生建立联系的教师，他们的经验将会是我们学习的最佳实践。我相信，在这个不确定的时刻，他们将承担起帮助学生、支持学生的责任。

父母也许心地善良，但他们并不总是有能力支持孩子的学习。就像许多日本教师花时间在教室外与学生建立关系一样，在全球范围内，教师将不得不通过数字工具将他们的关注延伸到学生的家庭中。在我看来，这场危机给我们学生的生活带来了巨大的不平等，而教师可能是应对这一不平等的唯一解决办法。

从另一个角度来看，尽管此次疫情给教育带来了诸多挑战，但它也减少了不平等现象。不是所有人在课堂上都能学到东西，至少大家的学习方式是不一样的。

这种情况已经清楚地表明——我们回不去了。

很明显的是，学习者回到学校后会变得更加苛刻。他们会告诉教师怎样学会学得最好，想学什么以及喜欢学什么，而教师也不会以过去一贯的方式来完成教学。这种情况下，我们也许能够学习如何满足更加多样化的学习者需求，并且能够减少正规教育中存在的不平等。

一旦这一时期过去，我相信并希望学生和他们的家庭对教育有更多的要求。

我们如何打破学校壁垒，创建更大的学习社区？

是的！现在是打破固有壁垒的时候了。

至少在数字世界，这是你作为一名学生可以选择教师的时候。

你不必向站在你面前的教师学习，而可以向贴合你学习方式的教师学习。我认为许多年轻人会借此机会拓宽对教学策略的了解。这当然也要求地方政府发挥推动者的作用，搭建平台，让孩子们获得真正的学习机会。现在，这就是数字世界运作的原因，因为它是连接每个人的平台。

我们还可以向新加坡和日本这样的国家学习。这些国家在学校内部和学校之间都有非常强大的专业学习社区，帮助他们在当前危机中合作参与对课程的研究、设计与评估。在欧洲，找到类似的做法并非易事。但比利时和荷兰已经找到了很好的办法，能够在职业自主与彼此协作之间达到平衡。这种办法正在让教师和教育界携手创新，共同促进学生的学习。

此时如何或应该如何进行教学评估？

这是个好问题。在经合组织，我们讨论了是否要把精力集中在这个问题上，得出的结论是，到目前为止，这不是我们的优先事项，特别是与许多其他紧急事件相比。然而，如果危机还要再延续几个月，这将成为一个需要思考的关键问题。我们将不得不反思，数字世界如何为我们提供了整合评估与学习的可能。有很大的可能，评估与学习不必割裂，优质的评估就是良好的学习。今后也有可能利用这一点，但目前，我认为我们不需要优先考虑。

在接下来的几周里，OECD 希望做些什么并与全球教育界分享？

在这场危机中，我们一直致力于多个项目和资源，以期与全球教育界共享。目前，我们正在收集全世界师生的数据，以研究在当前环境下，什么样的教学法是普遍存在的，什么样的教学法能够实现数字化学习。我还发表了一篇关于教师和学校系统如何应对新冠疫情的博客，这篇博客也表明关注师生关系和教师准备的必要性，因为即使在西方国家，大多数教师也不擅长这两方面的工作。

很快，我们将展示学生数字学习的经验、校长的个人见解以及教师应对疫情的准备。我们将分享哪些国家已经做好准备，哪些还没有。令我惊讶的是，没有一个国家认真参与国际合作。这就是为什么我认为 HundrED 的工作和鼓励创新的传统十分重要。没有多少公私伙伴关系走出这种局面，相反，存在着相当多公共和私人的分歧。

我认为现在是推广创新解决方案的最佳时机，甚至可能是超越国界的时候。在经合组织，我们鼓励跨国分享重要的经验与资源，并期待在疫情期间与 HundrED 合作，聚焦新冠疫情下的全球优质教育，找到多种合作方式，分享我们的经验并共同行动。

疫情下多倾听学生的声音

美国和芬兰的百位青年代表

　　受影响最大的是世界上的儿童和年轻人，他们的日常教育和社会生活已经受到新冠病毒的干扰。虽然世界各地的教育者和家长们都在积极合作，在线上和线下平台上沟通，分享他们的焦虑，但在这些讨论中，并没有多少年轻人的声音。为了让年轻人感到更受支持，我们询问了我们的 HundrED 青年代表，新型冠状病毒如何影响当地社区的教育，他们如何应对这一新常态，以及他们对学校、父母或家庭有什么意见或建议。

　　注：所有回复均于 2020 年 3 月 17 日作出。一些学校的最新情况可能在 3 月的最后几周发生了变化。

伊莎妮·阿肖克（Ishani Ashok）
16岁，美国

湾区的学校从上周起就停课了。从本周起，美国所有的学校都将关闭。一开始，同学们似乎对此感到高兴，认为这将是很好的休息时间，能让我们补觉，调整身心。但事实并不是这样。很多同学在家里感到无聊，因为看不见朋友，而且作业太多，这让每个人的教育严重受到影响。就我个人而言，我的学校是本学年最晚开学的学校之一，这已经让我们落后于其他大多数高中。因为新冠疫情的影响，我们今年的上学时间比平时少。

目前，我的大部分老师都在布置作业，让学生在线交作业，以不断督促我们的学习。虽然我有完成这些作业的条件（如打印机、笔记本电脑和电话），但我知道我的很多同龄人没有。他们很难跟上课业，家庭作业也难以完成。除此以外，很多学生还依赖学校提供午餐。但学校关闭了，他们无法吃饭。还好，很多餐馆和快餐连锁店，如赛百味（Subway），已在加紧给这些学生提供免费的餐食。

在这样的艰难时期看到人性中的美好，让人精神为之一振。

我希望我的学校不要给我们布置过多的家庭作业。所有的老师现在都认为我们在休息，认为我们没有太多的事情要做。但就我个人而言，这一时期要面对各种不确定性，其实非常困难。如果我们的老师不给我们布置作业，真的认为我们在休息，那就太好了。但因为所有的老师都认为其他老师没有给我们布置作业，所以他们给我们布置的作业比平时还多。比如，原来我们历史课和英语课从不布置作业，但现在这两门课的作业比数学和科学课还要多。

老师们能做的一件小事就是，与我们谈谈正在发生的事情，让我们确信我们并不孤单。

利亚姆 戴维斯 博世 (Liam Davis-Bosch)
17岁，美国

　　我住在纽约，但在希腊上学。新冠病毒已经影响了我在这两个地区的生活。我本该在希腊完成学业然后毕业，但现在被推迟了，而且可能被取消了。

　　我可能再也见不到生活在世界各地的朋友了，这让我很伤心，我很难应对。

　　病毒已经改变了我和其他很多学生的生活。这很难，我们也必须经历，但这是一件很不公平的事。在纽约，新型冠状病毒已经彻底影响了一切。尽管有大量的确诊案例而且缺乏检测手段，公立学校仍然没有关闭。人们对此非常愤怒是可以理解的。我认为有一点是正确的，也是我们需要考虑的，那就是我们正把儿童置于危险之中。他们白天没有地方去，也没有早餐和午餐。我觉得我们需要效仿北卡罗来纳州和其他地方的做法，他们决定关闭学校，但让配餐车给孩子们送去餐食。

　　我认为，现在我们需要团结起来，采取一切预防措施，而且要尽早，以确保我们不超过医院和医务工作者的承受能力。我认为，对于身体健康的人和非弱势群体来说，说一切都会好起来比较容易。但是他们并不是那些受影响最严重的人。我们需要照顾老人和年轻人，慢性病患者以及那些有潜在疾病的人。这意味着我们需要待在家里，尽可能阻止病毒的传播。

　　我们需要纽约和教育部在这方面支持我们，效仿许多其他国家和城市，密切保护我们的儿童和公民。

鲁汉·安詹·卡尔蒂克（Ruhan Anjan Kartik）
16岁，芬兰

芬兰已宣布进入紧急状态。学校关闭至4月13日，一场流行病已席卷全球。情况不是令人绝望的失败，也并非坚定的胜利，让我们分析一下到底发生了什么。

很多人都能证明，我总是恪守一条法则：日子是一天一天过的。不管有没有新冠病毒，生活都要继续，一个人必须积极看待每一个机会，严肃对待每一次讨论。因为问题的关键是减少恐惧，让自己变得更宅一点——哪怕自己其实是狮子，并不喜欢居家生活。

目前的情况是，学习已经转到线上，毕业班的学生被要求在一周内参加入学考，其他学生面临许多技术和道德方面的困难。基于此，很多人可能会说，我们现在情况很糟糕。

我一直努力从绝望中看到希望。很多人可能会觉得我现在在挤干毛巾，但实际上，这毛巾是潮湿的。

从这次疫情中，我了解了不同经济发展情况下的国家和领导人如何应对，以确保公民的安全；我学会了在没有身体接触的情况下进行有意义的谈话或讨论的艺术；我学会了如何变得更加灵活，能够更好地适应当前的形势；我学会了如何不必携手，心在一起也能合作。

许多人想要与父母或年迈的家人在一起却无法成行，这是迫在眉睫的现实，真是非常不幸。然而，我们更加仔细思考这些问题就会发现，它源自一种与生俱来的恐惧，并非来自病毒和细菌。现在，恐惧就像电，我们可以驯服它，但我们永远不应该戏弄它。有一些办法可以做到这一点：确保你和你的家人注意卫生，吃得健康，呼吸新鲜空气。如果可以，释放积极的情绪与正念，从而收获愉悦的记忆。这可能不适用于所有人，但随着时间的推移，我们会找到心理治疗方法，用以驯服这种恐惧。

威尔玛·恩格斯特伦（Wilma Engström）
18岁，芬兰

全国所有的学校都已经或正在关闭，现在甚至一到六年级的学生也在网上接受教育。日托所／幼儿园并没有关闭，但所有有家可归的孩子都应该和家人待在一起。

在芬兰，高三学生参加的国家大学入学考试能让我们进入大学学习。这意味着入学考试是迄今为止我们生活中最重要的考试。由于疫情，我们一开始不知道能不能参加这场考试，到最后一刻才被告知入学考试提前一周举行。

这完全破坏了我们为自己制定的所有学习计划。一些学生甚至被迫在本周每天参加六个小时的考试，这对心理有极大的挑战。每个人的压力都很大，我的一些朋友决定不参加考试，因为他们需要更多的时间，集中精力做最重要的事情。

此外，尽管有些学校发表了一篇如何应对压力的文章，我们还没有接收到来自学校方面的任何帮助或咨询。

我知道，我们的选择是要么考试，要么就不毕业（考试是强制性的，所以如果你没有参加考试，你就不会在春天毕业）。两个选择都不好，但我们得从中做出较好的选择。

在这种高压的状况下，我们大多数人都对没有得到学校的帮助或支持感到有些失望。

"社交疏远"一词的误导

米歇尔·科夫（MICHELLE COVE）
"她媒体"（MEDIAGIRLS）创始人兼执行董事
美国

显然，这是令人不安的时刻。除了实际的病毒，我们还在苦苦寻思如何调整以适应复杂的现状。在"她媒体"（MEDIAGIRLS），就像很多地方一样，我们不得不关闭春季的编程课程。我们的大学导师们

还不知道在他们的校园关闭后该做什么，要去哪里。作为家长，我每天都在期待孩子的学校开门。我还想到我的婆母和继父，他们都 80 多岁了，希望他们安全。

每个人都在应对病毒带来的压力，并试图做出具有挑战性的决定，我们所有人都是。我更关心的是那数百万人，他们比我脆弱得多，做出的选择比我困难得多。也许，他们根本就没法做出选择。

当生活陷入混乱时，我们能做的最重要的决定之一就是如何对待对方。杂货店有人打喷嚏或咳嗽，我们是不是对别人表现出不齿？我们所爱的人给朋友一个拥抱，我们是不是会告诫他们要

想想有病毒？而我们批判别人处理焦虑的方式有错时，其实是试图以此平息自己的焦虑。

媒体不断抛出"社交疏远"一词，这让我觉得不安。身体上的疏远是避免病菌传播的必要条件。我知道的所谓"社交疏远"，专家的意思是不要在身体上过于接近对方，特别是在拥挤的地方。但是我们迫切需要彼此的联结，因为我们需要相互照顾——我指在全球范围内。

让我们用媒体来爱惜自己，关照对方吧。

怎么做？首先，我们必须摆脱恐惧模式，回到当下，这样才能脚踏实地。这是昨天我在个人脸书（Facebook）上发布的一些内容，你可能会觉得有帮助，也可能不会。这是我从玛莎·贝克（Martha Beck）那里学来的智慧，她是一位畅销书作家、生活导师和演讲者。

非常重要的是，我们现在都要努力活在当下。所有的恐惧都基于未来，因此无法应对。未来不在这里。我们全副武装，只能应对当下。现在，看看你周围。你还好吗？很好。做几次深呼吸。洗干净手，涂上肥皂，重复一遍，别再被头条新闻吓坏了。这个世界需要联结，需要同理心，需要冷静。我们每个人也同样需要这些。

在"她媒体"（MEDIAGIRLS），我们都在教女孩和年轻女性如何利用社交媒体的力量提升彼此。想想过去几天里，你在社交媒体上发布的内容，这些内容对你的支持者有帮助吗？能否给人带去力量？积极正面吗？友善宽容吗？

有可能你深陷恐惧的泥潭，一直发布骇人听闻的头条，用或愤怒或评判的帖子释放你的焦虑情绪。如果以上属实，那你也并不孤单。但你可以纠正这种做法。我恳求大家向前一步，你们、我们，大家一起做深呼吸，认真考虑我们将向世界发布什么样的媒体内容。让我们用开放的心态和清晰的意图发帖。这是一个了解我们孩子的良好时机，无论女孩还是男孩，问问他们正在发布什么类型的内容，是给他人带去正能量还是给他人平添压力。

让我们回到人与人的联结。尽管我们现在无法控制疫情，但这是我们绝对可以做到的。

疫情下的反思：改变固有模式

维沙尔·塔雷亚（VISHAL TALREJA）
印度慈善信托机构"美梦成真（DREAM A DREAM）"联合创始人和受托人

随着新冠病毒的扩散和国家随后的封锁，生活向我们抛出了一道难题。我相信我们每个人都在以不同的方式应对这一前所未有的时刻，并试图了解每个人和周围的世界正在发生什么。

我的搭档最近分享了这篇有趣的文章，它可以帮助每个人了解我们的感受——把感受落定到文字，可以帮助我们更好地理解和处理它。

于我而言，目前我正处于接纳阶段，以下是我的一些思考……

艺术与游戏的力量

在这个封闭的时期，家人被迫花更多的时间待在一起，也被迫学习如何相处。于是，我们开始见证艺术和游戏如何能吸引人、治愈人、联结人、聚拢人。我们不要忘记，艺术和游戏正在帮助数以百万计的家庭欢乐友爱地度过每一天，艺术和游戏的力量在生活中得到了进一步的验证。书籍、电影、棋盘游戏、烹饪、园艺、音乐……都是帮助我们渡过难关的艺术或游戏形式。

是否珍视生活中的不可或缺

政府发布了许多公告，向我们所有公民保证将继续提供基本服务，如百货商店、医院、药店、送货服务、家庭帮助、基本公共交通、供水、供电、垃圾收集，等等。提供这些基本服务的人也有很高的风险感染病毒，但为了保证我们的正常生活不受干扰，他们每天都在工作。我想知道这些服务是不是不可或缺的、有价值的、重要的，我想知道为什么在平时生活中，他们没有得到同样的重视。为什么服务者得不到更高的薪水，他们在我们的生活中扮演着至关重要的角色，却没有得到应有的尊重。我们的薪酬和收入结构的设计难道不存在根本性的错误吗？我们能否在新常态中学会重视基本服务的提供者，并为他们提供真正应得的收入？

自然的自愈

全球范围内的封锁对大自然是一桩幸事。在过去的几周里，我们已经看到大自然的坚韧，它有能力很快自愈。很多人都分享说，我们城市的空气质量得到了改善，我们现在可以看到明亮的蓝天，呼吸新鲜的空气，听到鸟儿的欢歌，看到夜空和百万颗星星。我们意识到，人类能够放慢脚步，安静下来，休息片刻——大自然也有机会休息与自愈。这难道不是最惊人的发现吗？想象一下，如果我们每个人一周只工作 4 天，剩下的 3 天待在家里（就像活动受限），给大自然时间让它再次绽放，休息疗愈。或者，我们所有人只工作 11 个月，剩下的 1 个月保持静止。我们心甘情愿地自我封闭，不去度假，不用购物——只用学习保持安静！

我也能自愈

　　就像在这段时间里自然能自愈一样，我们能不能把这次机会也看作是为自己疗伤？我个人觉得这段时间非常有价值。我去很多地方旅行，身体非常疲惫，而且一直处于一种焦虑驱动的模式。现在，我的身体真的很享受这个休息疗愈的时期。我得到了更多安稳的睡眠，我醒得很早，得到了一些安静的、属于自己的时间。我在为自己和家人做健康的餐食。我在看书。我给多年没联系的家人和朋友打电话。我看电影，我睡午觉而不感到内疚。我开始理解并珍视生命——存在，就是要活下去。我正学着表达我的感恩，我感谢有一个美丽的家，感谢盘子里的食物，感谢家人和朋友分享我的生活，感谢我健康的身体，这些年来我一直让身体承受压力。这段时间的慢生活也帮助我对抗抑郁，控制焦虑。我明白，我也理解，我能说出这些是因为我被生活优待。我希望，当我们走出这一时期的时候，不论我们的阶级、信仰、等级、宗教等背景如何，我们每个人都能为了自己，也为了别人而学会感恩。大自然教我们放慢脚步，保持安静。这是我们这个世界的新常态，它将帮助治愈我们每个人，也将帮助大自然自愈。我们准备好接受这一点了吗？

孩子们也能安静吗

　　另一个有趣的观察是，社区、好心人、教育者、非政府组织如何做出反应，以确保孩子们在这段封闭时期不会在学习上迷失方向。每天，我都会收到电子邮件，上面有供家长和孩子继续学习的网上资源，教师和志愿者提供在线课程，有大量帮助家长为孩子安排学习和玩耍时间的资源、工具包、教学法等。这一时期，为了支持孩子们，大家纷纷慷慨解囊，积极出谋划策，我被大家深深打动。不过，对此我有不同的看法。现在是孩子们学会安静的时候了。不如让我们接受自发的游戏，接受无聊；不如让我们接纳孩子们发现自我创造力的能力，邀请想象力进入他们的生活的能力，学会与自己、与自己的想法、与自己的梦想和想象力共处的能力。我们的孩子学会放下忙碌，拥抱宁静时，他们也学会了与大自然和平共处。

我们选择去爱

看到个人和社区团体在这些困难时期站出来互相支持，也让人惊喜。邻居们相互伸出援手。而对老人、儿童和独居者等弱势群体，当地的志愿者团体也提供支持。比如，帮他们购买杂货，供应药品，打扫卫生，处理紧急情况；帮他们与孩子和亲人取得联系，与他们共度时光，倾听他们的故事，等等。令人惊讶的是，大多数人选择不囤积物资，因为他们相信我们所有人能携手共渡难关，迎来胜利。此外，看到人们给街上的流浪猫狗喂食，并表示愿意收养动物，也让人深受鼓舞。这继续表明，善良与仁爱拥有极大的力量，我们拥有它们，所以我们总是能选择去爱，而不是去恨。再没有什么比一场危机更能让我们展现出人性最好的一面了。

我也在思考，为了让我们从这场危机中走出来，我们能为这个世界带来哪些更新鲜的故事。我们如何确保在危机结束后不再回到原来的世界，回到原来的自己。如果我们选择回到自以为是的生活，继续面对压力和焦虑，继续忙碌、冷漠，那将绝对是一场灾难。这会浪费这次经验，而它是生活给我们的挑战，本可以给我们带来深刻的变革。

更新鲜的故事能否……
关于关爱，归属感与周围的人

关于平静

关于慢生活

关于存在

关于仁爱

关于把封锁看作一件很酷的事，用以治愈我们和大自然

关于艺术和游戏的力量如何存在于在我们的生活、学习和彼此的联结中

关于成长与再生，可持续发展与复兴

如何与我们合作

01　创新者

我们为创新者提供应得的知名度、鼓励和信誉，并努力与教育者建立有意义的联系。今天就来这里提交你的创新计划。

02　教育者

我们为教育者所面临的各种问题、挑战或需求找到深入研究与行之有效的解决方案，并帮助他们共同开发与实施教育创新。请给我们发邮件，让我们知道如何能帮忙。

03　合作伙伴

我们与创新型的公司和基金会合作，这些公司和基金会与我们的使命一致，即通过有影响力的创新，帮助每个孩子茁壮成长。如果您有兴趣赞助 HundrED"聚焦"项目或其他潜在的合作伙伴，请发电子邮件给我们。

04　资助者

我们与数以百计的、具有高度影响力和推广性的教育创新者建立了联系，我们很高兴能为他们提供深入的视角与介绍。请通过电子邮件，与我们分享更多关于您的资助重点

05 学院

HundrED 学院由全球领先的教育相关者组成。他们在教育领域拥有各自的专业背景、不同的专业知识。访问我们的学院网页了解更多。

06 代表

HundrED 代表来自我们蓬勃发展的全球社区。他们帮助发现创新，推广创新，同时激励当地社区通力合作，共同行动，发起变革。访问我们的代表页面提交申请。

参考资料

Guzdial, M. (2020, March 30). So much to learn about emergency remote teaching, but so little to claim about online learning. [blog post].

Lehmann, C. (2020a, March 29th). Teaching Without Compulsory School. [blog post].

Lehmann, C. (2020b, March). "Doing School" In The Time of Coronavirus. [blog post].

Milligan, I. (2020, March 20). Emergency Remote Teaching: A Post Secondary Reality Check. [blog post].

Nadworny, E. (2020, March 27). With Schools Closed, Kids With Disabilities Are More Vulnerable Than Ever. [blog post].

Netolicky, D., Timmers, K., & Tuscano, F.J. (2020). Thinking about Pedagogy in an Unfolding Pandemic. [blog post].

OECD. (2020). Education responses to Covid-19: Embracing digital learning and online collaboration.

Ramola, D. (2020, March 23rd). The Unexpected Pause. [blog post].

Resnick, M. (2017). Lifelong kindergarten: Cultivating creativity through projects, passion, peers, and play. Boston, USA: MIT Press.

Schleicher, A. (2019). PISA 2018: Insights and Interpretations. [blog post]. Schleicher, A. (2020, March 23rd). Coronavirus: Why collaboration is the key for teachers. [blog post].

也想组织一个 HundrED "聚焦" 项目?

　　HundrED "聚焦" 是一个机会,可以深入了解在某一特定教育领域(如读写能力或可持续性发展)或某一地理位置(如印度或伦敦)发生的教育创新。

　　HundrED "聚焦" 由 HundrED 和 "聚焦" 的合作伙伴一起组织。我们一起选择聚焦的位置或主题,合作伙伴将鼓励创新者为这一聚焦主题提交申请。之后,我们将对这些创新进行深入研究,并由 HundrED 和顾问团选出其中的 10 个案例。入选 "聚焦" 的创新将在 HundrED 平台上进行拍摄、包装与分享。

　　HundrED "聚焦" 是非营利的,但依赖 "聚焦" 合作伙伴的资金。如果您有兴趣成为 HundrED 的合作伙伴,请联系我们。

　　我们认为,这些选定的创新值得在全世界推广,而且还有很多像他们一样优秀的创新有待发现。

　　如果您想支持进一步的教育研究,请联系我们。

HUNDRED.ORG

图书在版编目（CIP）数据

新冠疫情下的全球优质教育 / 非营利教育组织（HundrED），国际经合组织（OECD）编；张韬，蒋龙祥译. — 上海:上海教育出版社，2020.6
ISBN 978-7-5720-0075-1

Ⅰ. ①新… Ⅱ. ①非… ②国… ③张… ④蒋… Ⅲ. ①教育资源 – 世界
Ⅳ. ①G40-054

中国版本图书馆CIP数据核字(2020)第137485号

Quality Education for all during Covid-19
By Chris Petrie, Katija Aladin, Pukhraj Ranjan, Romayne Javangwe, Danny Gilliland,
Saku Tuominen, Leponiemi Lusse

Copyright © 2020 by HundrED.org Oy
All rights reserved.

Simplified Chinese translation edition © (2020) by Shanghai Educational Publishing House
Co.,Ltd..under the license by HundrED. org Oy.

上海市版权局著作权合同登记号 图字09-2020-510号

策划编辑　刘　芳
责任编辑　李　玮
封面设计　金一哲

新冠疫情下的全球优质教育
非营利教育组织（HundrED）　国际经合组织（OECD）　编
张　韬　蒋龙祥　译

出版发行　上海教育出版社有限公司
官　　网　www.seph.com.cn
地　　址　上海市永福路123号
邮　　编　200031
印　　刷　上海展强印刷有限公司
开　　本　890×1240　1/32　印张 2.75　插页 1
字　　数　68 千字
版　　次　2020年8月第1版
印　　次　2020年8月第1次印刷
书　　号　ISBN 978-7-5720-0075-1/G·0058
定　　价　38.00 元

如发现质量问题，读者可向本社调换　电话：021-64377165